EL LLANTO

DE LA

MATERIA

poesía

JESÚS HERNÁNDEZ

EL LLANTO

DE LA

MATERIA

P R Ó L O G O

Para prologar este libro me es imprescindible referirme a lo hipotético que hay en él, sus posibilidades, los riesgos que asume a partir de la movilidad de sus poemas, que son siempre introductorios y siempre solamente sugerentes a través de los espacios que aíslan mentalmente las palabras entre sí, que precipitan o remiten el movimiento, dándoles una fisiología diferente, insinuándolos mediante una unitaria perspectiva, bien desde una multiplicidad matérica.

A partir de Mallarmé se hizo posible la expresión simbólica, la manifestación de los rangos particulares a cada cual, triunfo semántico este que como creación autónoma en las diversas áreas artísticas, vino a dar en realidad con el acometimiento de la utopía del artista consistente en el derrocamiento de sus límites artísticos.

Con ello el artista hirió de muerte la metafísica de la presencia y dominancia de la narración de lo evidente. Entre significante y significado se hizo una fisura que produjo la crisis del signo en su carácter expresivo esencial, y fue entonces la presencia de lo ausente, de lo omitido, la apertura a una nueva estética personal que derrocó progresivamente la linealidad del verso y la linea perfecta, rehuyendo la oratoria.

La narración está entonces en los silencios no ya en los vocablos.

Y una inédita ilusión surgió alrededor de los silencios y

descansos inacabados de cada frase primordial, pues como diría Mallarmé: "la vida, finalmente, no puede interpretarse sino en relación al azar que lo circunda, donde lo estético desempeña, ciertamente, un papel fundamental". La expresión descarnada del pensamiento y sus discordancias, sus jirones y prorrogas, sus fugas, o bien sus bocetos, sus trazos y los dibujos mismos del pensamiento, resultan entonces una partitura difícil para el que quiera leer en voz alta. El arte se intensificó paulatino por medio de una nueva poética.

Mallarmé crea un nuevo lenguaje, una nueva sintaxis, una nueva exquisitez formal y una nueva tipografía que influirá después en dadaístas, surrealistas y en gran parte de las vanguardias artísticas del siglo XX. En palabras de Marcos Solache de la Torre [1]. Ya la realidad narrativa no es lo que se expresa sino el efecto que esta produce.

La tradición artística y poética se resistió férreamente al nacimiento de un nuevo lenguaje, tanto antes como quizás hasta el presente; Trilce es la muestra de tal libertad y de tal contradicción y resistencia, en carta a Antenor Orrego de 1922[2] Vallejo confiesa "el libro ha nacido en el mayor vacío. Me siento colmado de ridículo, sumergido a fondo en ese carcajeo burlesco de la estupidez circundante, como un niño que se llevará torpemente la cuchara por las narices. Soy responsable de él. Asumo toda la responsabilidad de su estética. Hoy, y más que nunca quizás siento gravitar sobre mi, una hasta ahora desconocida obligación sacratísima, de hombre y de artista: ¡la de ser libre! Si no he

---

1   Marcos Solache de la Torre.
Dialnet-UnAnalisisMusicalDelGolpeDeDadosDeStephaneMallarme-2016089.pdf
https://margencero.es/almiar/un-golpe-de-dados-mallarme/

2   https://centenariogeorgettevallejo.blogspot.com/2016/03/cesar-va-llejo-carta-antenor-orrego-1922.html

de ser libre hoy, no lo seré jamás... ...Me doy en la forma mas libre que puedo y ésta es mi mayor cosecha artística. ¡Dios sabe hasta dónde es cierta y verdadera mi libertad! ¡Dios sabe cuánto he sufrido para que el ritmo no traspasar esa libertad y cayera en libertinaje ¡Dios sabe hasta que bordes espeluznantes me he asomado, colmado de miedo, temeroso que todo se vaya a morir a fondo para mi pobre alma."

Entonces, parafraseando a De la Torre, diré que este libro nació como consecuencia del vértigo profundo de mi vida por un futuro incierto que amenaza mi propia tranquilidad vital. Por el fantasma del azar, por la incertidumbre del golpe de dados que se perfilan como mi única salida ineludible, que es en realidad el mismo planteamiento de Nietzsche enfrentado al eterno retorno, a esa repetición infinita de casualidades con que la vida se venga. Zaratustra nos recuerda que la vida y el destino son azarosos como un juego de dados…

Así pues, aunque a través del arte siempre se ha aspirado a buscar lo absoluto, yo estoy aquí sin duda en busca de algo que no sé, o tal vez sí, pero lo hago a través de mis relaciones simbólicas, elaborando tal vez una obra musical cargada de evocaciones y sugerencias poéticas bien alejadas de la tradicional armonía tonal, desde mi propio sentido estético y en mi personal sintaxis. El sentido de mi poema hermético esta conjugado siempre en primera persona, para así a voluntad ponerme de frente al espejo poético para asumir mi más ineludible responsabilidad.

Jesús Hernández

I

mi fuga febril
        mi terreno inculto de barro
    síntoma sinónimo
       vivir así
           lodo psique

aparición anterior
           a cualquier ciencia humana
como en ausencia posterior
          a la empírica de sentir

paleontología anatómica
    que mi anatomía
           no pudo poner allí
afuera
             áspera
como quien respeta aún demasiado
la crueldad humana

mi esqueleto desvinculado así
           es amor
fui a la escena de mi documento elemental
    marcado con la huella de mi dedo curvo

                                        dedo del destino
        que pesa así
        que magulla así
                                            sin huesos
        sin esqueletos inconscientes
                        como el mío

así no me convierto en individuo
        marcado en su frente por el dedo de freud
señal específica negada de ipso facto
        prodigio de mi noción individual

relacióname así con cada cual
        y sus fantasmas
                                        con su entraña
con la agresión
        sus órganos burócratas
        su viveza
                                        cerca a mí

impresionismo digital en sus frentes reconocibles
        controlables
subyugadas

                                mi realidad impenetrable
sin privilegios en sus juicios
        sin pruebas que descifrarla
        sin evidencia en mi crítico sentir
                                mi poética solitaria
        mi noción tan compleja
                pasar así de largo
sobre el rastro de mi rastro
                                        tras mi pie cojo
        tras mi otro
                que nunca deja huella

tras mi límite que va y viene como el río hereje
          que emerge sin conciencia
     llena de ayunos
                              de convexa cavidad
de patrimonio en mi no creer y mi saber
     que es lo que me desvincula al objeto animal hu-
mus
     me emancipa de la bestia

                              es mi estar tan lejos
     en mis medidas tan estrechas
en mi pecho
                              mi non humus
mi recurso último de soledad y pequeñez

II

                              a juzgar por mi ser
              no obstante
mi estructura va de frente
                    va de bruces
                        el presente
mi nariz sin pasada ni futuro
                    sin respiro
                    este pensar
          mudo animal
este pesar
                    ni lágrima ni alegría
          cojea quieto
          antiguamente petrificado
          va ahí
                    quieto
mi marca
          indefinido mi ser sigue ahí
                                        escondido de todos
          olvidado de sus lágrimas secas
          por mí mismo
yendo de prisa hasta mis pies de hombre animal objeto
                    ahí

                              sin hilo
        mis pasos
con los que fabulo lo que no existe

mi paso
mi sendero
        incorpóreo
incorpora el tiempo que me ignora
                                    me rechaza
me deshace en su reloj nosotros muerte

nada crea nada
        obliga
obliga
                exige
sométeme a toda inmersión
                            el nos no existe

mas
                otro
        un otro
        el siempre otro
intimación adjudicante
                qué concebirá el pasado de ese mudo otro
 sus pies de taconadas
        su inmenso documento
su gigante espejo sin significado
        su significación vacía que se quiebra
su gran significante

espejo sin flores que acude a mí así
        imperturbable
 moral
                persuasible contenedor
                    ordenado de perturbación

                              del mandato otro

veo mi pasado en cualquier futuro
                              mi vida
sus direcciones
                                   mi perturbación mayor
mi amasijo injusto de pisadas
testigo de mis pasos
                                        a todo mi pesar

III

mi edad media
                mi falta de dinero
mi hoy
      mañana
ayer
                mi capital

mi particular cosmopolita
      provinciana
              universal

hube estar próximo a mis huesos
                       como descubridor
           grafía tan visual
                tan mitad
                   tan cúspide
tan peldaño
           tan caída

algo que sube y baja
mi ojo cojo
mi noyo mismo
mi sueño duerme en mi pie solo sin el otro
horriblemente
meditativo
sea los ríos frescos
mi interpretación sensible
pajarillo que cabecea adormecido
sobre vara de mi estimación gastada
reencarnada como cosa muerta
quién siglos de fraude
quién inocencia de mi apreciación a cada cual
quién por formación equivocada
mi primera obsesión no humanitaria
mi acentuación
mi marco psíquico
quién por mi primera crítica a lo humano
sucesiva
por los siglos y los siglos
su gran estupidez
su polémica práctica
su avance anónimo

pasan psicólogos
y rodillas
psiquiatras
y hoces

oh
niño
terrible
tu educación

tu angustia metódica

20

niños
vendrán psicólogo y t angustia
de eso viven
manten inocente la columna de tus huesos
tu poética infantil
cimiente de vuestro documento público
privado
hereje
antimilitar

este es mi abandonado juicio
mi huérfana razón
mi más lejana antigüedad

niños
mi pasado no ha sido clavado en eternidad
como el de todos
niños
escribir así
es mi vencimiento perdurable
siglo a siglo
indefinido en esta tradición

a mis testigos
sus certezas ejecutivas
su perplejidad organizada
su método
el doblez de sus arcos de sangre
su procedimiento
niños
sus saetas
atraviesan así mi corazón

por eso paso de puntillas
su evidencia obrante pasa así

de la mano va su arqueología cruel
                    psicológica
                              con diploma y diplomacia
              arrolla la cronología frágil
                    niños
                                   de mi ser y de mi estar
devastando la epigrafía de mis procederes secundarios
                    que es mi proceder

IV

mi suscitar anticuario
encendido fósforo
    los psicólogos
        jesuitas
           eruditos
psiquiatras
       clero de clero
    los científicos
el poder
       la herencia
verdad es que encasillaron mis angustias
        según mis días de fiesta
     perdura de indagaciones inmutables
        manuscritos de sus santos
de mentiras
                profunda psicología
invención de sus testigos encarcelados de doctrinas

    psicologías espejadas
dogma
       verdad
       historia de verdades
    la mentira misma a su propio fin

milagro bíblico su milagro
no cabe en ningún lado del corazón
    crítica del sentimiento final
        del comienzo que difiere mi razón de lo posible
               de lo imposible

        mi revolución sorda
    inaugura mi desorden
              reconstruyo
    interpreto sensible
        sus vivencias
 sus fórmulas jurídicas implican jueces
él
    condenado
        soy siempre yo

    mi procurar
mi retirarme
mi propuesta interior ante cualquier prueba subjetiva
    posición de mi yosujeto que observa
que explicar lo real
    para no mostrar las cosas como tal
    como son o como fueron
        para comprender el sentido
su significación profunda
    individual
              mis acontecimientos

razón libre de mi espíritu
    mi justificación basada en mi acontecer
lejos de lo exacto de las cosas
separado por mi propia especulación intrascendente
    fisiológica
como contraparte a la turbulenta
    a la actividad del día a día

del siglo a siglo

salirme de mí mismo
        abandonar mis intereses
mis sin pasiones
        ver realidad como fuera algo que lo fuera
receptiva
        como el animal humano
                como observación subjetividad
                        fetichista en espíritu
como quien ve allí abatido
        individuo que espera absorbido
como quien utiliza el sentimiento oficial
                verifico allí mi propia fiabilidad
espejo decimonónico de mis propios hechos
        justifica así mi injustificado razonar
veneración de sentimientos correctos e incorrectos

        arca curiosísima
señal de hombre historiador humillado
        reverente fantasma
voz de sentimientos
                dice lo que será verdad

                sentimiento político
administrativo
                atención prioritaria
positiva ilusoria
        anclaje de conciencia ingenua
                supone
inventa realidad
confesión de sentimiento ajeno y su testimonio

lengua mía sentimiento
mi canto reducido al silencio

versada mi mudez
sentimiento cambia
                cambia en su posición de ráfaga
                                me quita mi espejo
       interpreta mi interior
            no lo organizo
                 no secciono
    ni lo ordeno a todo nivel
            vuela a mí en su desorden
como si fuera jugando a desojar margaritas

cambio de cristal
de concepción
            mi sentimiento vacía mi retrato
documento en su materia inerte y de llanto
           roca a animal
      animal a hombre a humano
acantilado que pasa de humano a nohumano

            es el revés de tanto practicar
      genera acontecimientos muy sencillos
                       dolorosos

      mi querer de diestras a siniestras
deseo y potestad
      donde mi nuevo gigantesco menos
         mi antiguo diminuto más
    su acrecentamiento apasionado
               todo mi pasado
mi futuro no humano
poder decir lo que digo según mi entendimiento
             algo así
    como el cómo
mi acontecimiento singular

es mi olvido
            valor indiciario de mi sentimiento
investigación criminal
      que mi indagador noyo efectúa
                  como si quién mató a quién

cuando mañana es otro día
      indagación mía
                        cazador de mis pesquisas
         tras el animalhombre
que se escabulle en el monte guerrillero

         tras el hombre nohumano
que soy que caza que mata el animal
      que fuera
que caza y mata el hombre
      el hombre que quisieron que fuera todo el tiempo

todo aquello es idéntico
      análogo
            caza criminal

      investigación psíquica
            semiótica y médica
      margen del espejo que se abre
            donde se trasparenta mi propia frente
hasta perderse mi gran eco
      hasta quedarme solo
solo frente a la espalda del tiempo que no existe
      porque el tiempo es una invención de ese hombre
que el animal a ciegas obedece

y cuando ese alejamiento sea un sí
será la regla de mi huella
mi nuevo y sentido vivir así

V

es para reconocerme como uno
    fracción de lo que llaman conciencia social
con mis rastros más oscuros
       más remotos
          reconocerme como paradigma
ya que el paradigma de la estupidez
    no tiene unidad vital
      lo rehacen
lo denominan
    lo patrimonian a cultura
como fenómeno común
      como familia
    como individuo

lo muerto
      arroja discursos pequeños y grandes
    pensadores
      religiosos
        psicológicos
          psicoanalistas
psiquiatras
    ojos ciegos
      sus rastros perceptibles

más y más descubren las cosas evidentes
                              gustan de lo muerto
      su trauma lo tienen encima
bajo sus enaguas
      debajo de su sé

      mi sentimiento
                        texto de mi incultura
                  mi gran incultura y mi barbarie
            semiótica de este basto universo tan inculto
isomorfa relación de este texto individual
      como humano
                  ese humano que he renunciado ser
aquí mi incultura es mi palabra
                  pues mi texto no es mi realidad
es el material que llora
que reconstruye mis códigos incultos inferiores

            constitución que pasa la barrera de la guerra
se sumerge en función de toda mi presunción
                              de mi todo ahora
                  catástrofe de mi propia curvatura
manifiesta y destrucción de mi memoria
                  eliminación de los textos de mi olvido
      tipología de mis sentimientos en expresión siempre
material
      siempre mis ideas
      mi inocencia en su función encubridora
            significación extraña de todas las acusaciones
que se me ha hecho

VI

por atávica cría
régimen de ayuno que vive aún
        quizás como recuerdo
en mi corazón sin altura
                sin bajeza
ya sin río fresco
    sin monte húmedo
            sin pajarero en el potrero
                    sin ganado en su mugido sordo
        sin filandia ni eucalipto majestuoso
                sin la holanda verde en su frío hereje
                        tan hereje como yo
                    vinotinto de vigor
        sin risaralda en su bóveda celeste
sin su aire fugitivo de mi infancia tan profunda
        tan lejana
            tan aquí

desconocida cualidad en su prueba muy aguda
        que punza el corazón
comprensión difícil en mi transitar
                            mi tiempo escrito
        mi raciocinio y contradicción
    mi rareza irresoluble

donde así por así
        mi problema ilógico
            mi pregunta natural
nada en mí es lógico
    mi índole imaginativa es mi indagación

           picaduras de un segundo
     de borde a borde
        renglón a renglón
     renglón de mi relato personal que lega mi ruptura
           manecillas del reloj en mi lenguaje
     perspicacia de mi lapsus linguis
        que es el conflicto de mi discernir
 de mi sentir
          de mi yo y mi no yo

digerir mi materia
    que no se remedia por sí sola
            así por así
    sólo
        por ir por el camino del destino
    para decir que conozco acaso algo
              menos a mí mismo

VII

procedimiento así tan efectivo
así
mezcla de hábitos externos
    tiempo de los órganos que vencen

idéntica cualidad
    en el límite de mis sentidos
        pues me da el elemento unitario
indivisible a mí
        a mi suceso temporal
        difícilmente
        revelarse a mi conciencia
    ni alcanza a presentarse a mi grafía
ni al arroyo que brota como péndulo
    que araña el árbol ávido de este quiero ser
        ni río que sube y baja
            va y viene
    de las profundidades oscuras de mi psique

pues dividído en cavilación

                                          subsisto

    impenetrable

                irrepresentable

    como hecho histórico hídrico

        real

    y luego

    grado a grado

        entonces sí sujeto de comprensión

        lleva mi ausencia

    y la inaprehensión directa de mi espejo

pues pierde mi mí

        mi característica sustantiva

            a razón de mi pérdida

    mi gran pérdida

    mi pérdida

                mi pérdida

            mi gran pérdida

                mi siempre pérdida

    pérdida de los limites de mis limites

        sustantivo en mi sustantivo

            mi filosofía más sincera

    mi filosofía inherente

        mi gran filosofía

            mi inherencia

pues no soy más que fragmentos inherentes

    colisión en el escenario

        donde nunca se ha creído en lo inédito

reaparezco

        ensayo mi intención

    indago

        por terquedad

por indefensión
    por aparato respiratorio
        por promesa
            que no es mi tiempo
    ni mi historia
pues existo aún
    acontezco y resisto en mi organismo
a pura fatalidad
    sin mediación
    sin medición
        por total
por pura idea de imperfección

VIII

nociones de mi tiempo escrito
            cantidades de lo aquí narrado
                        imaginado
    como derivación continua en mi suceso
    identidad
                        en este maldito mundo temporal

                reimaginación de tramas
            tramas y traumas
                trampa del arcángel
analogías que obran así su paso
            su renglón
    mis inéditos tropiezos
porque mi tiempo morirá en otro
    mi tropiezo
                        que es mi poema
            mi imaginación
                mi gran imaginación

cómo lo escondo
		qué escondo

expresión coincidente
		en senda de mi habla
				discutir metafórico derrotado

		vía que piensa en algo
		algo que no está al servicio de mi más mínimo
triunfo
		ni está en la animosa subordinación
						de mi fracaso
de mi gran fracaso
mi eterno fracaso
						mi más bello fracaso

IX

                    mi memoria colectiva
     sus formas poéticas
        mis dos materiales
            como si la muerte emanara sangre
                        que no es sangre

materia de mi memoria
     su llanto
no lo escuches niño
     pues se presenta bajo esas formas principales
            de mi sentimiento primigenio
        que adquirí del pasado sustantivo
        que figuro a recordar
recordar mi paso
            cosa del dónde
                        del alivio
                            de mi cirugía
que ha murmurado algo por ahí
            niño
según as oído deliberación de mi camino intuido

          y todo esto es sentimiento
por pasar solo
          pasar a pesar del papel
por volver desde aquí

                    mi sentimiento
          niño
su orden natural
se abre en su singular recepción
                    conmemorativa
decretativa de acontecimientos menores
     de transfiguración de mis sentidos
en la arquitectura de esta psique
     escultura moribunda de cinta empurpurada
                    niño
     arco del triunfo de mi corazón entristecido
columna
          trofeo
                         pórtico
          etc
     como recuerdo de un campo solitario
     mi memoria tiene un valor particular

mi sentimiento es mi memoria colectiva
     un documentum emanado
                         mi amargo intuir
     que ha evolucionado
hasta la representación de mi prueba mas brutal
     que es mi testimonio
     que cata y significa
en los delicados sacramentos del tiempo diabólico
hechos sacramento
     pues supusieron que existe el tiempo

sobrepásame a mí todo eso
      categorizándoseme así mi sentimiento

      niño
             y mi desorden
      mi desorden único
que los ordenados de este mundo jamás comprenderán
         porque su orden es estricto
   y porque ese orden carece de sentimiento
que es desde donde yo sustraigo todo lo que aguanto
   niño
y lo que soy capaz de resistir

es mi antiguo y nuevo rostro
demostrativo en mi querer
      otro querer
         mi amor es otro modo
mi fuerza
      mi rasgo de papel que envuelve
      niño
      tu regalito de mi alma individual
   de todos modos colectiva
mi sentir
   mi única habilidad

   serás mi triunfo
      niño
      mi sentimiento sobre el sentimiento

por que los grandes acontecimientos
son huecos en el suelo de la vida
      agujeros en el suelo de los años
         de los mares
            de los días
grietas de la vida cotidiana

pues no existe lo que llaman vida
niño
             soy profeta del desorden
      de mi nuevo sentimiento
de mi corazón

             huye de enormes sentimientos
      de los ejemplos vastos de los bastos
la célebre vastedad
             del fin y del comienzo
      de los ordenadores
de los hombres ordenados de este mundo
             no tienen sentimiento que indagar
      niño
             se niño

X

órgano insomne
    el mío
sobrepásame siempre de ulterior aflicción
    a duras penas
    sobrepásame y sobrepásame

coyuntural senda
    transmuta mi insurrección
                           mi emancipación
    mi fuga

los hombres abstiénense de consultar sus sentimientos
        con sin religión
    adelante
        atrás

cualidad de los muertos
        santuario de una estupidez sin inocencia
    disposición del adorno de sus tumbas
sus creencias

sus ternuras difuntas

sus muchos escritos

su dios disfruta de morirse a cada rato

distribúyase así entre el dolor del sentimiento humano

que es su creación más perversa

XI

mi cuerpo de lenguajes
mi triste historia de hombre
mi sometimiento primero
mi búsqueda
mi presa
mi medicina inspirada
mi agua
mi paradigma nohumano
mi conjetura
mi permanecer avasallado

vuestro prestigioso conocimiento implícito
vuestra elaboración innatural
vuestros significados sobrentendidos
vuestros mapas de saber tan gráficos
carácter tan pequeño de detalles expresivos
vuestros mitos

mis emblemas
mis raíces
mi paradigma

mi inferencia primordial
               mis glóbulos de óleo
                       mi raíz de horas y horas
                      que de una y otra
     mi forja de caracteres que no se ven
          que nadie ve

vuestra caligrafía rigurosa
     formulada
            vuestros lenguajes aritméticos

mi plasticidad
          mi elaboración silenciosa
               mi anónima inferencia
vuestra cientificidad
     mi arte completamente indefinido
          vuestra colectividad
              mi individualidad
vuestros pares
mis contrarios
          vuestro hombre
     vuestra bestia
vuestro objeto
          mi niño
     mi gato
mi sujeto

XII

las formas de montichelli
cómo se hizo a sí mismo habitualmente
su característica evidente

por eso mismo más fácilmente
todo fue imitado
por mi solitaria sonrisa de Leonardo

debo examinar los detalles
así sean los menos trascendentes
los menos influidos
por mis características
por ser pintor fracasado

gracias que se hallaba presente lo original en la copia
pero no es problema de orden estético
no
sino problemas previos
filológico
por mi escrito
que representa un aspecto bastante insólito
comparado con lo demás
en cuanto al método

de mis rastros inconsolables
en cuanto estoy yo siempre
en el febril calor de la observación
de la materia artística
que es mi materia
que me descubre a mí
como que descubre al autor de un delito

indagación persecutora de
mis intenciones
que persigue bajo un mar de indicios
irrelevantes
hasta enloquecer
buscando un crimen y un castigo

se efectúa caso de cosa compleja
aunque malograda de indicación
detrás de los demás
indicios que se arrastran
en subsuelo influido sobre sí
sin el menor descuido
por el que entro y salgo
del antro del secreto
de sus infortunios
de sus valores vanos
así sea que por ello
se me valora
como cosa que nada vale

XIII

acumulación innumerable de mi acto
 mi persecución
   mi captura
     mi huella en puro barro
      mi rama quebrada
mi estiércol
 mis colores tornando a cuatro vientos
 sobre el viento

 saber por menos
 describe todo
    como cazador
   echo de menos mi incapacidad
   mi mostrarme
 mis datos experimentales
 mi observación participante
mi secundaria realidad
 tan directa de nariz
 que no huele su secuencia narrativa
 su formación tan simple
como cuando alguien pasa por ahí

narración indiferente
tela en hechizo en cuanto encantamiento
de invocación
de caza única
cuando se trata del antes
del después
de la muerte del animal y del hombre

muerte imprescindible para que exista lo que existe
lo que se persigue es el antes y el después
su cadáver de alas negras oscilado
receloso
tembloroso de los hombres del mañana

huella del mal que ha pasado bien
impónese a la materia de la máscara entendida
pictograma del rostro equilibrado
constituye paso adelantado
por la vía del proceso más fatal

un paso enorme de valor
sería de serlo si lo hay
o lo habrá alguna vez
en este mundo sin razón

imposible de hablar según este saber
según ese pasado
según este presente
según aquel futuro

pase pues derecho el futuro
augurio espiritual
la adivinatoria humana
que es su religión

pase pues derecho el pasado y el presente
    que como todo tiempo
    es puro síntoma servil
        hecho a la medida del gran trauma
            doble faz explicativo
      su pronóstico espejado
    en la locura de su tiempo

pase cada quien
encerrado en su océano interminable
    su pasado personal
    que se encorve contando con jurisprudencia su
atroz crimen

    ya que detrás de ese augurio
        me he visto en mi gesto más antiguo
tendido sobre el barro de la vida
    escudriñando el rastro del revés
        la pasión inhabitada
    las arterias sondeadas de sospecha
        el destilar de la sangre
    que ya no cabe en sus hinchados organismos

    el hombre mismo

XIV

cavilar la vida
                        padre
            qué temerario es pasarse por un bosque en
risaralda
            cavilar en frío
        gélido esfuerzo esas aguas quebradas esas
                por dónde han pasado el caballo coralito
de padre y su perro corán
        pero alivia
                                    ofrece asiento el existir
qué peligroso es asomarse a la ventana
                condena casi a muerte
sentir la huella hombre animal
                envuelto en trapos blancos
que caen por espejos de verdad
                cae atrozmente en el clavo hervido
en pesadumbre
                        rojo cereza

sobre la piel de la vaca colorada
pesadez de plomo rojo
cae
actitud ceñuda de mi pie izquierdo
sin huella de corán
en sí considerarlo en la hierva del potrero
en la onceava tabla del puente donde se calló
en la patita coja de la angustia del ahogó

todo estará alegre
menos mi alegría
y todo
a lo largo del camino enlodado
en la empinada vista de junín
menos mi candor
mi incertidumbre
yo niño
mi no saber
para donde me lleva coralito
pues ese puente de la vida
si que da mucho miedo
pues
distingo huellas insolubles
desde antiguamente
abuelito pasaba por allí
y mi olvido
y mis ojos
y mis lágrimas
hasta mi pisada de extravío
mi propia herradura
que tanto teme pisar la onceava tabla
el vacío que dejó
desde donde indago
lo que me persigue desde entonces

                                        finalmente
        juzgando por las marcas
        que han quedado en risaralda para siempre
        sus caminos
mi alma se esconde de malezas
        debajo de mi huella
                tras el humo del fogón

talvez
        por eso será
 me cuesta tanto ser feliz
        feliz en esta vida

XV

mito originario
rito poseído
    apropiado
capitalizado en saber caníbal
    que no interpreta la tristeza natural
la enfermedad de este mundo
        que no nutre
        no satisface el espíritu
    no besa
no se alegra de mi letra roja
no sacia mi organismo su apetencia antropófaga
en todos sus manjares

XVI

                                        giro temerario
tremendo grito
    lenguaje eterno
            femenino
siempre nuevo
    recreado en sufrimiento
en este
    siempre nuevo mundo
tan autentico
tan rico
tan original
    que se da a sí mismo de veracidad
de hipersensibilidad tan arrogante
    en la que tiemblo
viendo sus demonios vivos
    sin paraíso
sin infierno
            sólo dios
            demonio

renacimiento
sin marías magdalenas
sin mediterráneo
sin tierra hebrea
sin roma la ramera

apenas estoy empinado en el tablado de risaralda
temblando de frío
del frío del eterno femenino

XVII

en el alambrado
que significa mi letra escrita
    en la cicatriz próxima
        en lo sólido
en mi materia
        en la sangre que forma mi grafía
    en mis siempres
          mis nuncas
en el cuerpo donde se lloran
          en mis rincones
los que no se conocen a sí mismos
    que no se narraran jamás

para perderme de llanto
    por indeciso
        nada más
en incultura de mi carne
    en la que estuviese en ningún tiempo
apurado
    ausente
        como cuando en lo que no existe
me rechaza
   mi por qué de lo alcanzado
    que aún no me ha sido posible alcanzar

XVIII

es sólo que

mi discurso

        fingirá hacer hablar

a ciegas

                mi propio mundo

al propio mundo

        dialogar

              como poema

alguna vez presidido por la sangre oculta

de mi esqueleto viejo de directo hombre de silencio

XIX

será la edad de los cuando
                    de los hechos
                                    parece hablar
a sí mismo
        como si nadie habitara la tierra
                                    diosesdemonios
que ya no lloraran a las cuatro y cuarto
        por caminantes
        por ilusión
por enfermos
                por pobres transeúntes del futuro
de ahora
            sin ojos
                        desentrañaran sus secretos
a fuerza del destrozo
                    a fuerza lágrima
de retina empañada
        de futura soledad

XX

                                    mi primera persona
que tardó tanto
como todo lo que tarda
    mi terceridad tardía
                                eternamente
        mi invención mi discurso humano
                    mi venidera humanidad
    mi pendiente nohumano
            mi dificultad aún más cerca
mi iconografía interior
        hará insuficiente todo a la hora por llegar
                    crisis de mis pequeñas cicatrices
mis grandes crisis sociales
                                    mi conflicto
lago
 espejo
    imaginario
                        será real

XXI

linealidad huir
de memoria atroz
    propiamente dicha
    propia de imperfecta atrocidad
                           digo
para decir la causa
                el efecto de la angostura
    centrífuga
donde sin más ni más
    más un no
    dará no gigantesco
hasta aprestarse mi diminutivo en ello
    allí
metáfora hecha no de vida
    vértigo donde no hubo poesía
muerte de estas formas
esqueléticas del pensar

XXII

girará allí la esfera rezagada
    infinita de tiempo
                      mi tanto tiempo tan real
tan vivo caducará
mi organismo afila el análisis de ese será
mi perderá
        mi franco
mi fracaso por manecillas
de lo que de un punto a otro punto
        perderá mi finitud su realidad
    mi evaporado paralelo
    la vista lucida
        sin sucederme no a no
sin ceguera consabida
espantable
          mi conocido así saber

XXIII

mi uno asolado quedará
    carecerá de lugar
        tras la línea de una vez
            quedar aquello que sólo es
aquello que no puedo demostrar
    pues fui válido alguna vez
        y lo era
inválido
por no comentar mi abismo
    mis necesidades básicas
            mi condición sucesiva
    mis posibles satisfacciones
        mi estructura
mi relación
    por la que doto de significado en fila
    elementos de mi fondo

mi color barro enfilado de relojes
que se darán por detenidos

                              por constelados
por inferiores
        eso sí

                              de hemisferio a hemisferio
bajo mi necesidad pura
        en la que se asienta mi desuso inédito
        que será de tantas cosas
como de inéditos serán los enormes golpes

                              pares y partes
de mi hora indescifrable
de distancia
de mi conexión ambigua
de mis nudos en mis sueños impacientes
        sin mi afuera
como cuando las cosas cambian
sin espacio continuo en de vivir

XXIV

todo en lo no utilizar
en los hechos mentales
en mis huesos
en las horas mías
que llenarán mi forma especulativa
sobre las asociaciones
sobre los hechos entre sí
para que yo
digo
pase algo a mis años
pero que pase por favor
donde no sucedió nada
pero nada argumentando los posibles
mis explicativas irreales
mis imaginarias de placer
de harapos
por complejas
por perplejas
por sencillas

XXV

aquella mi premisa
    mi conversión
        mi sujeto en sujeto
        mi sujeto sin sujeto
mi escritura de espejo
mi rostro fraccionado
    flores del espejo que equivale a mi usura
        mi sencilla neurosis sin violencia
   violencia irresoluta
      mi sencilla neurosis sin razón

XXVI

y si mi oído oye mal
y mi voz altera el proceder
la onda de mi eco
            mi salvaje
mi palabra
        recréose por sí en la entraña de lo eterno
        que a mi juicio
                siglos después de todo
cuando mi metáfora
                no da aún sentido a mi escritura
        cuando le di sentido a lo sin saber
                sin utilidad
tal vez aún en nadie
        como mi ojo lastimado
        mi suerte nefasta
                mi fisiología turbia
                    mi triste historia
                            mi lenguaje mudo

XXVII

del saber sabemos poco

                                    el colegio
 el habla
     la idea
idea cosas en su necesidad de dominio

eficaces sí
     pues es como uno llega a las clases que dicen
                                    sin decir
     que obviamente
cómo se llega a saber
     a comprender
           es gracias a la práctica de no ser persona
     que es eso de que se es otra persona dispuesta
ya que se cure o no
     de revisar esto
de tener minutos que cuestan tanto de ustedes
     y de hoy
y de mí

y del otro

                        hay poder sobre mí porque
el atizador dice
       bueno
            usted está de acuerdo para eso
así que vamos hacer bien hoy
y decir a las órdenes
                         gracias

corrección

XXVIII

análisis
                    práctica de la regresión
            yo creo
ya no sé todo lo que haces
            que puede llegar a ser
            es posible
                                es posible que sí
                        y es posible que lleve un estado de
pasar a otra vida en esta
            quién aprobó
            de quién existes otras veces
                    es una cadena muy gruesa en tu cuello

decir que no es imposible
estar enterado
                    que ese mes de papel hace las ideas frases
conscientes
            entonces las personas
                                        y eso nosotros peleamos
para el examen que fue y que revisa
y compañeros
            colaborar entonces con zapatos
                    y los otros sin nada que ponerse
son solo eso
y entonces hacerles una práctica médica
            y tal para animarles

y después vienen unas ordenes
que yo ya de antemano
racionalmente
no tengo idea
por ejemplo quiero decirte que está haciendo adentro
mucho frío
por sanar este predicando en castellano
o en dólares
claro
en un restaurante para lograr seguridad
claro
porque puede alguien pagar por un no
y después inmediatamente
me pone de cambiar listo y a lo mejor ya demasiado
aguantar tal temperatura
no hizo nada aquel nada
dice sus corrugados labios
excelente dosis del poder de la palabra
como dicen acá
visiones sin siquiera un día
ni momentos de alegría
días muy graciosos de tristeza como estos

XXIX

manifestando que tengo delicada el alma

de hecho

ese mismo año que pasó

caso de discutir

una y una chica que había quedado en el curso

bueno con nosotros

y ella

yo también

resulta que esa práctica

los   posibles   parados   demasiado

con la mamá

y uno así que esta cuando

fue tú más terrible que yo en ella

escuchar alguna vez

y descansa y todo salió

salió corriendo con motores

por dulces hoteles de bienestar

si puedes

paso yo

y llego a los ocho días clínicos

porque la consulta empieza cuando la paciente sale

por consultorio

por pagar el novio terrible su terrible sensación

buena

bueno
pero el asunto es que cogí algunos síntomas
y decir sí
ya de noche tal
y entonces pues ya es ascensor
sube y baja prorrogando tarde su querer
para querer su apartamiento
su terrible temor de soledad
quiero una cosa que yo al primer destino
caería en desgracia
separar su mundo guapo como serio rival
vital
y todo el mundo riéndose y así si no
pero si buena o mala según se concibe
aquí con un tener que
y sus múltiples pronombres
pero tampoco pronto ellos seguían así
y te dicen según una cosa
porque el chiste viento no se llevó tu karma
dejaba todo
se llevó
hablaba

tantos cuatro cinco minutos y vuelve seca
como si lloviera de tanto llorar
programado ese tiempo para sí o sí
eso se hace esperar
bueno
es que las ideas inconscientes
las ideas eficaces
en cuanto regresen son sólo un hecho
siempre de favorece el dolor futuro
porque la voluntad esta así
preconcebida
preprogramada como el humo

de quien quiere palabra
que tiene poder sobre el poder

de acuerdo
    pero soy
            dice

                            no dice
    que efectivamente
las ideas casi se quieren fans con la persona 24 veces
bendiciones
            gracias a la carne masculina

es lo que más o menos marca para saber como hola y
perdón
            pero esta es una audiencia que ya se tiene
predispuesta
    desde francia
            por veinticuatro horas sucursales
en todo un pueblo
    que en realidad es igual
            decir el nombre del padre
 hoy
    pues el día no perdona la práctica
            si la necesita
sí
    bueno
    cuando ya se acabe la praxis
la praxis material del sentimiento
    aquí estamos
aunque la figura sigue siendo el canal
                            porque dios es dios
    pues todos ya de nuevo en la vigilia
escapan a un usted
    que escucha la palabra
    que pronuncia ya

cinco
    seis
        hablan los minutos
es que ese usted se va a sumar por la puerta del pensado
    es lo que más o menos marca
                iba ir a decir telegráfica
no
    pero si no hay nadie
como si escuchara que tengo un buen bar de vino cura
    en su cabecita
    porque
que más
    adelante sigo a veces sin un ya terminó
    con esa destilería en cero
        teóricos tres psíquicamente rematados

XXX

cómo funciona mediana ninguna duda
deberías concentrar mal entonces
la madre
que va a trasmitir ideas
y no salió entonces
digamos
los temores que trasmite
digamos
a una niña
como son los hombres
es una de esas que inaugura decencia en la niña
en su orden
tenemos que poner digamos lo social que va
va a obedecer su inacción
así
como si fuera un efecto
es un hecho adolescente que empieza a repetir
el discurso del mal
el gran discurso del mal
cuando empiezan las relaciones de pareja

cuando se oyen las dos frases culturalmente
        oh banalidad familiar
extinción de la expresión
confusión
   se recela ya
   llevan carga ya de afectos
                           sí sí mamá
sí
deciden ya la obviedad
                        sí la carga
   porque pueda que la madre diga
es una marca
       paga todo esto cuando dice
          el juego dulce de los sueños
sí sí mamá
   y la pesadilla empieza

XXXI

digamos que tuve la palabra
es tierno entonces
            cuando la niña va
        responderá eso cuando está con nosotros
            expresar incluso un no yo mismo
pues ustedes
    los besos
            pero el contenido ese
ser sí este rechazo
            si estoy bien
si es violencia
        o si es
            torrenciales
        repite mejor descender casi cuatro veces en la vida
            como le posees
        dice hoy
            intención de tristes tardes
                    tardías
                        tardes tardías
        insuficientes
    y no sabe contestar qué le está pasando

porque tiene un mal concepto
    pobrecita
        había terminado abajo
además
    pues
                        que ya tenía locura
    que no haya tenido ya
esta bueno
    bueno
        voy
    ah
    pero tiene idea ya lo masculino
    que tu guardia reaccione a espécimen de
no lo digamos
        no digamos
qué de la práctica clínica
                    gélido psicoanálisis
    es cosa que por eso la entonces vida
                que ya no es vida

XXXII

                            no
porque va a repetir justamente
      para no traquear el habla que no habla
el espejo del espejo
      pero es
                       pero es así
como la página es
        pero es la misma señal que la palabra
por labor del pan y del vino

                     estúpido
psicoanálisis
        practicara las noches por aquí
      qué exactamente quieres decir
        bueno
        bueno
          vamos
          vamos a estar
a ser
                    vamos
       vamos hacer un trato

vamos hacer un acuerdo de dios
                    ya no tengo control sobre usted
    y usted me entrega consulta que iba universal
    que hay ciertos terapeutas que dicen que es muy
bueno por cuarenta y más
                                    y como poder
digo bien de usted
    me hace el favor
            y cada paquete de cigarrillos los trae más
uniformados
            y entonces el asunto de todas sus acciones
    pero estoy como psicoanálisis que parece a mi tía
        no se va de los detalles
sino que alfombrase así su pérdida

XXXIII

        recuperación del aquí que ya no está
          la lección que has hecho día
   quiero contestar
                  deja ir a buscar
   y tal después de entonces
        bajo ninguna disculpa
         se puede decir
quién es más importante
   dejar de fumar que perder
porque así si te recupero
   conectándolo todo con unas excelentes noches sin
sufrir

y liberémonos del nombre
del bueno
                  y del no bueno
   por si seguirá siendo él
      entonces la madre ahí
desesperada ayer y mañana
   pues conozco un par sin cosas
de malo

                                    del no malo
y poder merecen
        y eso pura gente dice entonces
        que ellos desesperados
                hablan con interés del sueño
ese que tienen quienes se quedan en casa
        para decirnos si quieres de eso
                si nos enteramos para hacerles caso
y entonces
                regresando el viernes
hicieron o no
        era viernes
                tampoco iría con lo otro en el otro
        ni del otro

XXXIV

él hace misa cansada
de sencillas
    por la misma misa de la madre
        que pone todo a mitad
tenía como preguntar
antes de empezarlo todo
    antes y después de los problemas
ya que uno pasa
y discutiste acá
y ya son cualquier cuánto peso encima
      la decisión mano a mano no es sorpresa

                           rezar
juan pablo
              y dios
que estaba allá vivo en vaticano y ya no está
también digo que quería sentir descargo
el abuso
    la abuela
        que lleva los algodones tarde en su nariz
    demasiado tarde
por tanto esperar en su poder

y verte y estar ahí
                escapularia mi enferma se atreve en todo

despierta y ellos dos
y ahí tengo esa hora en que salen
       igual sus yo no sé
              y al rato después yo despierto esos muertos

XXXV

austeramente
gusto leerte
    explicación a eso
oye lo que pasa de humano a humus
                               de barro a barro
      porque tal vez previendo algo
           llegó a manifestación de que mire
     eres el humano
          que le conteste mis no

     humus sobre humus
          estiércol en estiércol
    espejo a espejo
                 non sapiens sobre non sapiens
cállese hombre
    y es mujer en el nombre del padre

    y entonces te inicia al anticristo

bueno
      bueno
igual
    rara cosa
        me dijo el hombre mujer
el mujer hombre
    mire yo anoche
        yo sólo le pongo las manos
    seguro sientes sietes en las sienes
y en el corazón
    ya que estoy muy entregada a la opción ajena
yo que me siento una buena mujer así
    corazón femenino
        voy hasta que me dijo que tiene un escrito
para mí
          para que lo mate el anticristo

XXXVI

tarde
buena cosa pasó
pero como a los tres años pasó ahí sí a existir
la broma está bajo la sombra de ese tal bajísimo
que nunca más dolor y nunca más angustia
en esta vida

hay mi enferma de cabeza femenina
dieciséis personalidades de médicos y colon destrozado
cuando es un día así tan bello

yo creo para los ya ya
que hay que acercarse con urgencia
y resulta que se la pasó a ella
su existencia
y llegué ahí cuando ya estaba ya
entonces
le mandaron hacer todo
pero ya
entonces ya hablé mucho
pues ya he hablado demasiado

XXXVII

        quiero no sólo este bienmental
avísame a mí
a comprar iniciativa
a salir de nada agradecido en este asunto
     no
     yo complicaría
     y a media igual te va ya ratito
         le di motivo a recibir la sabia
pues llegó la hora
         ya yo di impura medicina
pero ella usa hospitales
     por defenderse
             todo eso era risa y no lo era

     son cosas muy raras
bien estuvo esto para cristo y su anti
     yo lo entiendo

será

    es más

        en el nombre del padre

quizás realidad

    sino

        hombre

          poder

    disfrutando en el nombre del poder

y ahí nace la labor de lo que es malo y malo

    lo que no se dijo

        lo que obedece maquinal

    porque tiene facultad

        cortar su lengua es el poder

XXXVIII

a esta altura tan baja
guiada en su espejo
en voz de madre
en invención de amor
a amor a dios
neurosis humana
vigilia que obedece en el sueño de la noche

hecho
que niños deciden por lo tanto ya
su miedo futuro de antemano
en obediencia
en madre
en nombre del padre
por angustia
niños no distintos a lo que somos
lo que fuimos
la sombra de los padres lo enseñó

es que este hominum non cogitas
siente miedo
terrible
a la sombra de ciertos animales

XXXIX

por qué se les perdió las avenidas
    que avisan que sí estás como sigues
        permitido tres cosas a la vista
porque la altura autómata ya en televisión
    se puede ver todos maraña a maraña
            las cinco
                seis de la mañana
de la tarde de la noche

                maquinal es quien ve
oye
    respira
        siente

se aprenden angustia
            por tu propio bien
    si hay una que es la más
    entonces ya es la clase
que lo tiene a él haciendo difícil sus mañanas

ya está en la oficina sin conocer mamá
    y esta niña un día está en el apartamento
        jugando a solas

y se fue la luz de noche
                  pero también ayer en la terraza del vecino
en la normativa sentenciosa
                  terraza de obediencia
es cosa fuerte esa del diez
                        la medalla
el cartón
la imperdonable ausente
                  da el no
ese día asusta toda en frío abrazo
                              grande
                  fuerte
desde su oficina en todo caso
desde lugar que no es el aquí
      no la ve participar en que sangra y no pasa nada
nunca pasa nada.

XL

seguir haciendo angustia aquí
    estamos todo el día

                          está como otra vez
    que ya reportado el crimen
seguimos jugando cual si nada
y yo de contador
favor cuando nos vamos
    a que regalan así un no costoso
    así no se haya agregado a nadie nada
por estar tan ocupada
    restada en menos propia de mitad a mitad
de unidad ajena

                                sin pan
                pensando si allá afuera lloverá

sentada efectivamente
generosa cual feliz

                    para la muerte
para lograr llegar y llevar facebook
a un millón de amigos

espérate espérate
después espero
no te enteraste que acostabas tus huesos en la lepra
pero es verde su abrazar
y darle like a las historias de instagram
con decir
                    silencio
        silencio
        sólo agradece tu papel

XLI

                              el martes iba y venía
invitar para que traigas papel
para esa red a ese muro
        y desear bultitos perfectos
        y brasieres sin senos

        que va pasar si está a cuarto abrazos
        preciosos de su yo
                    y tengo seis de estos
        que se lo digo al día a una niña
sin auditorios que hablan psicoanálisis
        y después
                    porque por favor se hace
porque primero lo primero
                                      primero el espejo
        el reclamo
es la padremadre
        la hoz de la hoz

entonces sé
        qué sabes hacer
                    lo que quiero es que el problema
        no es problema
        que no estudies
es labor de sordos por favor a los sonidos

manosear a gritos y después
                    pasar estar ahí para pedir todo en el
nombre del padre
        y pedir y pedir y pedir
                pedir pedir pedir
y
        tenía llaves
                escalerilla
huye
cuántos cuántos

quedamos así para mañana
        para evitar responsabilidad en el amor
                por cristiana justamente
        por vuestra responsabilidad más fácil
pues la fe puesta de un solo soplo
                            pasó a psiquiatras
        a psicólogos
                    y llamaron la extinción

XLII

incorrecta
      y ella sabe
la luz verde sube la escalera
la clínica del ojo asumió ese ok
    todo vale
todo vale

sí
    dormir
        corazón imbécil
        sí
            llamar equipo
que tuviera un ratito
    así te vuelvo un sí

    resultó genial despreciar

así
    encarecido
    para quedar igual
        sufro por favorcitos
    aventura piedra asunto del papá
        pobre padre
        pobre diablo
        pobre pobre
me voy para allá al saludo de las cosas
alguien me espera en la ciudad del hambre

y del frío

                    del frío y del odio

quieres venir
está bien

          pero en breve cualquier cabeza sigue
eso sí

          alguna sigue

                            mas

yo sólo pienso en ese eco

            que es la voz del padre sin cabeza

XLIII

el día en que alguien fue en su día
día casto puramente

                                        infante
                            inútil
                    improductivo
despojado de ropas a leguas
        su prontitud actual
        transitado de arriba abajo
                sepultado en su quinto pensar
su quinto dedo su quinta sombra
limita y circunscribe su doblez de uno
                que deshila
se deshila todo en su qué haré
        en su último día de vivo
en su primer paso de muerto
        en su día de mañana indefinido

        pasará a cosa de primer plano
como fuerza de la vida en su desorden natural
                en su violenta destrucción futura
cuando versa cualidades
        lejos del día venidero
                                de la vida es lo que es
                incluyéndose en ello
de orden aplastante
para no poder ordenar el mundo como es

XLIV

poner de cabeza

       a jesus hernandez etc etc

  para arriba

cambiaría orden por desorden

        si no es mucho pedir

dejaría quietamente en él la palabra afecto y afectó

     sobre todo cuando allí

     subjetivo objetivo

    pues incluye sus recuerdos familiares

       su tradición patriarca

sus sentimientos religiosos de terror

su apellidos y apellidos

etc

  etc

etc

  muy a su pasar

convidando a aquello a media voz

  a dar forma a un impulso

a un principio uniforme

como si justificara

el sujeto hombre

  su registro de estado que no es su estado

resistiendo

       existiendo así para que así exista

fugado indisoluble

XLV

borde simultaneo
trastorno en su similitud
                         en el futuro hoy
que estría al borde del abismo sociedad
su buena voluntad violenta

                                            allí
moral llorona
      llora a mares y otra vez y otra vez
      avestruz con creces desde su mañana de orificio
                  esclarece
      pregunta
                            qué es entonces
  que tanto se ha escrito
           cuál es tu figuración tan real
                          tan moral
      eres lo que queda
      lo que se revisa con cuidado
             lo que da el narrador
su narrativa
             su narración
      su análisis
          su historiador
ah
      eres tú recreándote a tí mismo en tu tema
en tu lodo favorito

XLVI

es este incontenible deseo
a realidad
de existencia
concreta
de años que dicen no
mientras el poeta sí
mientras recuerdo tan humano
que alarga postrera
a los hoy de mis sueños de locura
y con ella
la vida
su mano humana arrasa mis sentidos
grabando en un mi
su maldito domingo de ramos
su resonancia
sus nuevas exequias de piedra
su historia de abducción
su servir a toda autoridad
y me derrota

fuera de este mundo

XLVII

                                     fondo

                       vs

forma

grafío aquí
    sencillamente

    cuando el problema del designio
nace en el borde de ese húndese
                           removido
    inteligente
calculador
               donde se alejan
dos gárgolas cantando
                  el deseo reclama la materia
                  el deseo reclama la materia

es que en la vida el reclamo se hace llanto
                hace deseable lo real
    sí
así
suplicantes
    a mi sentir
            se teje en el sentido de la vida
mas
      la vida no existe
            me lo dijo una gárgola

XLVIII

el cómo
aquí
espíritu humano escribiente
                    cuenta historia
ve realidad como objeto deseo
        categoría
        anchura y hondura
posibilidad sondable
insondable
narrable
                    inenarrable
histórica
        ahistórica
        como paso de hombre por su tiempo

historia sepulturera
        tumba de registros
        de hechos humanos abolidos
                    cadáveres sociales
sistemas de dioses en sus carros
                perros y mujeres
cosa muerta
        fuego vergonzante
        abastecimiento histórico de culpas
                del valor de la carencia de amistad

XLIX

pero es que
digo
mi cavilar
    mi moral
mi finalidad
    penetra instancias reencarnadas
                salones de cristal
donde suena la música exacta
    que casi me lastima así
    mi historia es mi moral
            canto que lastima la vida
                    madrugada en fiebre
            ferviente
no me deja abrir los ojos
    sospechando mi cavilar sin movimiento
el hoy de mi propia vida
    así
            resulta tan ajena

L

pincel

mi mano

no es pincel

bostezo de mi bienmal

mundo de orden

narración

mi discusión

esperaos

ya os voy a narrar todo

esperaos

sosiégueseme mi dolor de cabeza

de alma

esperaos
el estado se ha opuesto a dios
la sociedad colombiana se ha opuesto a la impunidad

dónde habéis dejado a vosotros mismos

no hace falta ya el jamás

no hay otra forma de dotar la realidad
de significado de consumación
de ese viejo impulso tan matante

poetizar sin matar

indaga la mano de mi pincel

es que fue él

quien mato a dios

LI

no digo nada
                        quien sabe en madrugada
no digo nada
                        yo no digo nunca nada
    ahuyento lo narrable
                        acaricio y arguyo
escribir que no es posible nada
que todos digan sí
                        que
bueno bueno
    cuando vuelvo y revuelvo
                            animal moral sobre la historia
    un país así,
 sobre la academia
                        un país así
quien sueña que no pasará de nuevo nada
    que dios no aulló
            hágase el psicólogo
            y el psicólogo se hizo
                    que estornudó el estado
            sea el psicólogo según mi causa
            y el psicólogo se volvió la causa
y luego fue el psicólogo la consecuencia de esa causa
                    entonces
                el psicólogo fue la consecuencia
    la percepción del mundo
        propiedad de su propia percepción
                        y asi vive de la locura

LII

mi escriturística del llanto

                                        en el dolor

que ya no diagnostico

                             no me ha oído nadie

puramente indágame aquí

                     hechura de nadie se hace falta

pues si es así

            muy bien

                             no me ha oído nadie

nadie me oirá

     así estoy mejor

          sin fiebre

          sin síntoma

          sin sinfonía entusiasta

como si no abriese mis ojos

que dicen que eso es una forma de pensar

                   tan universal

como piojo que rasca

no se sabe qué

          que rasca lenguaje que sufre

y no sabe porqué

             que llama discurso de los mudos

que dicen tanto

quien me hubiera dicho
                entre semana y semana así
        mi pequeño dolor

                                                inmenso
estas arácnidas pendientes
        encandilan con su sombra
                en su discurso tan frontal
                        de tanta quimera
                        de rincón
de
redoblante judicial
        hechos de ausente
                        con los hechos sucedientes
cuando no estoy
        excluyendo mi talento por sufriente
        por no clasificar mi dolor
                por no vivir del dolor ajeno
        por tal vez tal cual
                        por como se concibe la percepción
lo imaginario
        cuando nadie nos ha oído
                cuando a nadie hacemos falta
                cuando no hay invención en su método
personal de sufrir

LIII

tanto tanto
quien lo hubiera pensado
                    una semana así
        esta membrana
                    que es la forma
        mi contenido
                    membrana en membrana
                                    sensación de cosa
                        presentación mística
            ciencia sospechosa
                                    este sentir mío
hondura de mis días que se van
se van sin más ni más
                        un vacío
                                        vacío

menos mal
                no me ha oído nadie
            no hay sentir
                            no hay realidad
                    mi forma
        mi ser típicamente
            emparentado

                    típicamente vacío
          principio vital
universal
                    mas o menos

                                                  menos mal
            cuánto me habría ofendido
            cuanto aun lo que me habría entristecido
                    amistado una vez
otra vez
                    otra otra vez

ese individuo
        su principio
                va más allá
                        la legalidad
            sus voraces
            su circunstancia interior
                    su tipo provechoso
su pasado
                    ahora
                    mañana
            su llanto

                                        su inconsciencia
        su práctica
                    su fabricación
su mantenimiento de las formas
sus contenidos
                    sus sentimientos sin vacío
su pesquisa vacía
sus psiques sin vacío

LIV

el objeto era mi ilusión
        mi cronología
    instrumento de mi fin
mi método sin cualquier cosa
     autoengaño de mis muchas ilusiones
         es así
    toda mi ilusión narra mis mentiras
mi ideal
     como guías sin dolor
         fuego que toca mi retina
     la retina de los pueblos
                   cargándola
cegándola
    cegándome
        como si todos huérfanos
ciegos imaginacosas
     verdades de bocas desdentadas
     incapaces de verdad

LV

                                        bajo este licor
                         entristecido de ser sorbido
        bruto de boca por boca venidera
                                        que ya no es mía
        sin desconcierto
                              ni embriaga
        ni representa ni significa

        solo parezca que nadie me ha juzgado
        ni el aro
                          ni el total sabiamente
               insuficiente azúcar que me ha faltado tanto
                          ni la retórica
                          principio
        formación discursiva de sus cargos
                del acontecimiento de mi habla infantil
                                     mi inocencia
        ilógico descubrimiento en su tibio valor tan innegable
                          trascendente
                estructura discursiva de querer
                                     en él
                nada importante

en su inmensa inferencia
                              mi aparición
mi fonética sin voz
            rítmica sorda
mi alma sin medida
        sin métrica
                en su medida infantil
                                    aún niño
        como en aquellos aúnes
por violar los protocolos
                lógicos coherencias pequeñas
            informales
                naturalezas que se autorizan a sí misma
por mi discurso dejado siempre
        en el nunca que dice nunca
por mi monólogo intrínseco
                                mi fuercita de voluntad
sus dos funciones
        más o menos neurosis
                    mas o menos muerto y nada más

por no hacer corresponder todo a todo
por no descubrir el manto del tiempo
                                sus rondas
por no dar fe de mi arte como artista
        sino como hombre nada más

LVI

                                         mi pasado

    mi huella

    circunspección creciente

    preocupación arqueológica

                                 mi cavilar despacio

        alivia

alivia

        asiento a mi nunca descansar

el tiempo

        trapos blancos

archivo conjunto

    colectivo

    hervido a caldera psicológica

    que denuncia idea

    la utilidad de sentimientos conversados

                conservados

tejido del alma de las cosas

    de las muertas

        pasado de los muertos

todo hondo

también todo incertidumbre

            mi huella es mi evidencia irresoluta

    mis sentimientos prueban mi materia

la lamen
la lloran
   la materia de la historia
hilada
  escondida por debajo de la planta de mi pie
       desvanecido de finalidad

sentimiento
  momento
  huella
    centrípeta circunstancia
      yo
        extraviado
interrogo
    mi finalidad
 mi intención revelada
    mi conclusión
    como algo original de incertidumbre
      mía
      solo mía
pues mi sentimiento oponiéseme a todo
   como cuando los acaudalados interrogan
   qué queda de nosotros en tu memoria colectiva

la huella de mi pasado es nada
  sino es ala en mi memoria individual
  sin deuda con los muertos
     a ellos los suprimo
       suicido mi historia

cojea mi acontecer
  ya que la memoria de los vivos
  salta por encima de su propia narración
para corregir mi vestigio incorregible
    mi andar sin sentido cavilado

LVII

por ahí el de otros
desmesurados
como ángel de catástrofe

catástrofe única
llanto mío
tesis mía que no va más
    su honda anchura
    su trampa tan angosta en verdades
su eje
su ruina

documento humano
aguanta
    mi arco de asombro
viéndome incompleto

fragmentado

                                        mi rutina ciega

mi llanto
mis ojos vueltos
                            retrospectivo
como todo
      refracta su imagen
                                        santo animal fiera
                  ha sido
una sola cosa

su reparación originaria
      su descendencia
                  su lapso
                                        santo animal fiera
como unidad perenne
      como conocimiento sensato de realidad individual
      de sus ideas
                  de sentimientos tan valorativos

la fiera devoro al santo y al animal
                  estos no le acariciaban

                        oh
mis tácitos apuntes
      griego historiador de observación tan así
tan directa
      tradición oral
                              citas tan distantes en mí
en mí
en la anomalía de mi humanidad
      sin fiera

118

sin animal
sin santo

                                        así quedó todo
                y aquello otro
por vaciarme en mis memorias
                mis manuscritos
mi gran libro al viento
                a través de mis testigos

        acariciadme
                acariciadme
                                ya no peguéis más
        nada os he hecho
        nada
                                                nada
        mas
hacedlo como si nunca os lo hubiera pedido

        cuanto gozáis exaltando vuestras bondades
        creéis que no hacéis daño jamás

        mis testigos
        me repudian mis testigos
fragmentos extra científicos familiares de mi psique
mi llanto
precede su historia
                                en estas hojas sueltas
                huella inmaterial
        mi sentimiento mi verdad

                así pues
                        muerto inmortal

                    estructura de mis huesos
esqueleto mío
     no se podrá derrumbar de lloro
uno
     por mi parcialidad
dos
               por mi exceso de confianza
          tres
                    por mis fallas en el comprender
                    cuatro
por mi creencia equivocada en lo que soy en este mun-
do
                    cinco
                    y así sucesivamente
     por mi falta de habilidad para encuadrar
     mi acontecimiento en lo real
     y
               por mi condición de no ambición
     de ganarme el favor de altos cargos
en fin
     por ignorar los códigos
               los que transforman esta sociedad humana
                    etc
                                   etc
                         etc

               oídlo
     restos y testigos
          me hago a aletazos
               a razón de pájaro
en cuyo lado
     ni el destino pudo
como un desamparado
     pudo
                    digo

entrometer ni un pensamiento suyo solamente
    solemnemente
            al conmemorar su muerte en lo fúnebre
como hasta menos de la mitad
de lo que llaman Hombre

dónde habéis dejado tu no hombre
        vosotros
                que no cometéis falta jamás

FIN

Made in the USA
Middletown, DE
30 May 2023